The Mexican American Girls Series

Lucita
Comes Home to Oaxaca
regresa a Oaxaca

Robin B. Cano
Translated by Rafael E. Ricárdez
Illustrated by Kerry Townsend Smith

Cuentos en dos idiomas/Tales in Two Languages

LAREDO PUBLISHING COMPANY
BEVERLY HILLS

Library of Congress Catalog Card Number: PZ73.C3475   98-24323

First Edition 9   8   7   6   5   4   3   2   1
Printed in Mexico

Laredo Publishing Company Inc.
8907 Wilshire Blvd Suite 102
Beverly Hills, CA 90211
310-358-5288
FAX 310-358-5282

ISBN 1-56492-111-5

DEDICATION

To the boys and girls living in two worlds and to the families of artisans from the Central Valleys of Oaxaca, whose art and ways of life are an example of inspiration so necessary in our times.

Lucita is also dedicated to the students of Technical School No. 85 and, above all, to "Lucita" who lives in all our hearts.

Our appreciation to the people of Oaxaca without whom "Lucita" would not have seen the light. Equal thanks to Rafael and Alicia Ricárdez, Juanita y Thornton Robison, to my sister, Connie Rinne, and especially to my husband, David Cano.

◆▽▲▽◆

DEDICADO

A los niños y niñas que viven en dos mundos y a las familias de artesanos de los Valles Centrales de Oaxaca, cuyas creaciones y modo de vivir son un ejemplo de inspiración tan necesario en nuestros días.

Lucita está también dedicada a los estudiantes de la Escuela Técnica número 85 y sobre todo a la "Lucita" que vive en el corazón de todos nosotros.

Nuestro agradecimiento a la gente de Oaxaca pues sin ella "Lucita" no hubiera visto la luz. Gracias igualmente a Rafael y Alicia Ricárdez, Juanita y Thornton Robison, a mi hermana Connie Rinne y especialmente a mi esposo, David Cano.

The Mexican American Girls Series

LUCITA
COMES HOME TO OAXACA
REGRESA A OAXACA

Robin B. Cano
Translated by Rafael E. Ricárdez
Illustrated by Kerry Townsend Smith

Cuentos en dos idiomas/Tales in Two Languages

LAREDO PUBLISHING COMPANY
BEVERLY HILLS

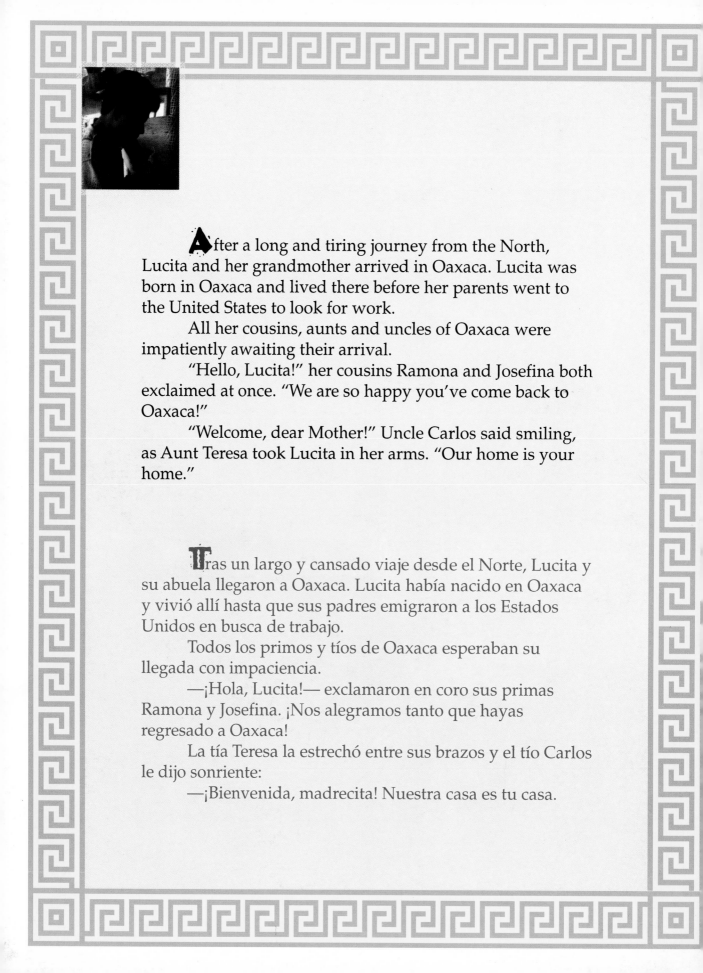

After a long and tiring journey from the North, Lucita and her grandmother arrived in Oaxaca. Lucita was born in Oaxaca and lived there before her parents went to the United States to look for work.

All her cousins, aunts and uncles of Oaxaca were impatiently awaiting their arrival.

"Hello, Lucita!" her cousins Ramona and Josefina both exclaimed at once. "We are so happy you've come back to Oaxaca!"

"Welcome, dear Mother!" Uncle Carlos said smiling, as Aunt Teresa took Lucita in her arms. "Our home is your home."

Tras un largo y cansado viaje desde el Norte, Lucita y su abuela llegaron a Oaxaca. Lucita había nacido en Oaxaca y vivió allí hasta que sus padres emigraron a los Estados Unidos en busca de trabajo.

Todos los primos y tíos de Oaxaca esperaban su llegada con impaciencia.

—¡Hola, Lucita!— exclamaron en coro sus primas Ramona y Josefina. ¡Nos alegramos tanto que hayas regresado a Oaxaca!

La tía Teresa la estrechó entre sus brazos y el tío Carlos le dijo sonriente:

—¡Bienvenida, madrecita! Nuestra casa es tu casa.

But, though Lucita greeted her family politely, she didn't leave her grandmother's side.

Grandmother Maria felt happy to return to Oaxaca and be together again with her family. She didn't see the deep sadness that clouded Lucita's eyes. The little one missed her parents who had stayed behind working. She hardly played at all with her cousins. She remembered the beautiful stories Grandmother had told her about Oaxaca, but she wanted to be with her mama and papa.

"Lucita," Grandmother told her, "we will stay two whole months in Oaxaca. You'll have time to play with your cousins and get to know some marvelous places." But, to Lucita, two months seemed like an eternity and she didn't think about having fun.

Lucita saludó cortesmente a su familia pero no se separó de su abuela.

La abuela María se sentía feliz de volver a Oaxaca y de reunirse de nuevo con su familia. No vio la profunda tristeza que empañaba los ojos de Lucita. La pequeña echaba de menos a sus papás que se habían quedado trabajando. Apenas jugaba con sus primitas. Recordaba las hermosas historias que la abuela le había contado sobre Oaxaca, pero ella quería estar con su mamá y su papá.

—Lucita —le dijo la abuela—, nos quedaremos en Oaxaca dos meses enteros. Tendrás tiempo para jugar con tus primos y también para conocer unos lugares maravillosos.

Pero a Lucita dos meses le parecían una eternidad y no pensaba en divertirse.

That night she dreamed about a huge white bird. She looked up at the sky and, with arms wide open, asked the bird to take her home. But the bird kept on flying.

When daybreak came, Lucita's pillow was damp with her tears.

The next day, Uncle Carlos was getting ready to go get Alejandro's rugs to sell in his craft shop.

"Papa, please, take us with you," begged Josefina. Lucita would like to see the rugs that Cousin Alejandro makes."

They all climbed into the truck and off they went to Alejandro's house.

Aquella noche soñó con un inmenso pájaro blanco. Miraba hacia el cielo y, con los brazos muy extendidos, pedía al pájaro que la llevara a su casa. Pero el pájaro siguió su vuelo.

Cuando amaneció, la almohada de Lucita estaba mojada con sus lágrimas.

Al día siguiente, el tío Carlos se disponía a recoger los tapetes de Alejandro para llevarlos a vender en su tienda de artesanías.

—Papá, por favor, llévanos contigo—pidió Josefina—. A Lucita le gustará ver los tejidos que hace el primo Alejandro.

Se subieron todos en el camión y se encaminaron hacia la casa de Alejandro.

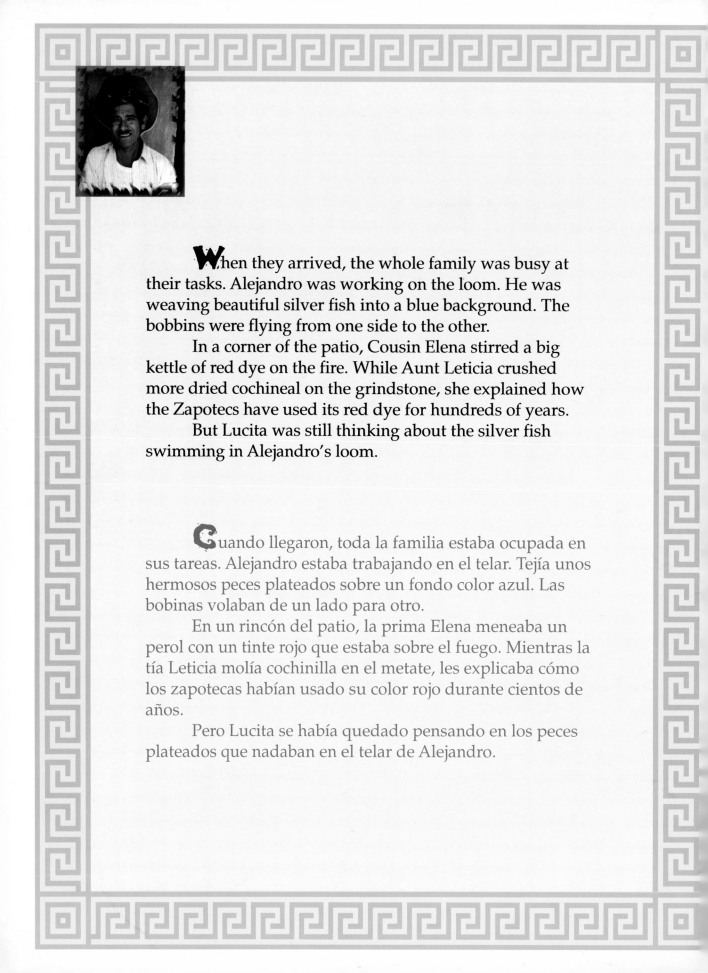

When they arrived, the whole family was busy at their tasks. Alejandro was working on the loom. He was weaving beautiful silver fish into a blue background. The bobbins were flying from one side to the other.

In a corner of the patio, Cousin Elena stirred a big kettle of red dye on the fire. While Aunt Leticia crushed more dried cochineal on the grindstone, she explained how the Zapotecs have used its red dye for hundreds of years.

But Lucita was still thinking about the silver fish swimming in Alejandro's loom.

Cuando llegaron, toda la familia estaba ocupada en sus tareas. Alejandro estaba trabajando en el telar. Tejía unos hermosos peces plateados sobre un fondo color azul. Las bobinas volaban de un lado para otro.

En un rincón del patio, la prima Elena meneaba un perol con un tinte rojo que estaba sobre el fuego. Mientras la tía Leticia molía cochinilla en el metate, les explicaba cómo los zapotecas habían usado su color rojo durante cientos de años.

Pero Lucita se había quedado pensando en los peces plateados que nadaban en el telar de Alejandro.

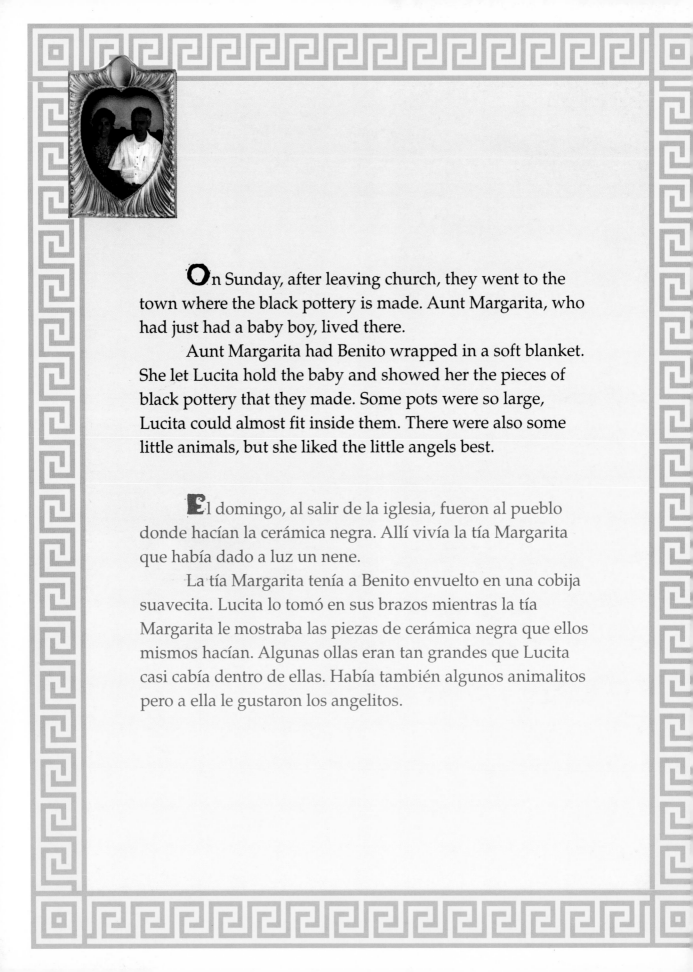

On Sunday, after leaving church, they went to the town where the black pottery is made. Aunt Margarita, who had just had a baby boy, lived there.

Aunt Margarita had Benito wrapped in a soft blanket. She let Lucita hold the baby and showed her the pieces of black pottery that they made. Some pots were so large, Lucita could almost fit inside them. There were also some little animals, but she liked the little angels best.

El domingo, al salir de la iglesia, fueron al pueblo donde hacían la cerámica negra. Allí vivía la tía Margarita que había dado a luz un nene.

La tía Margarita tenía a Benito envuelto en una cobija suavecita. Lucita lo tomó en sus brazos mientras la tía Margarita le mostraba las piezas de cerámica negra que ellos mismos hacían. Algunas ollas eran tan grandes que Lucita casi cabía dentro de ellas. Había también algunos animalitos pero a ella le gustaron los angelitos.

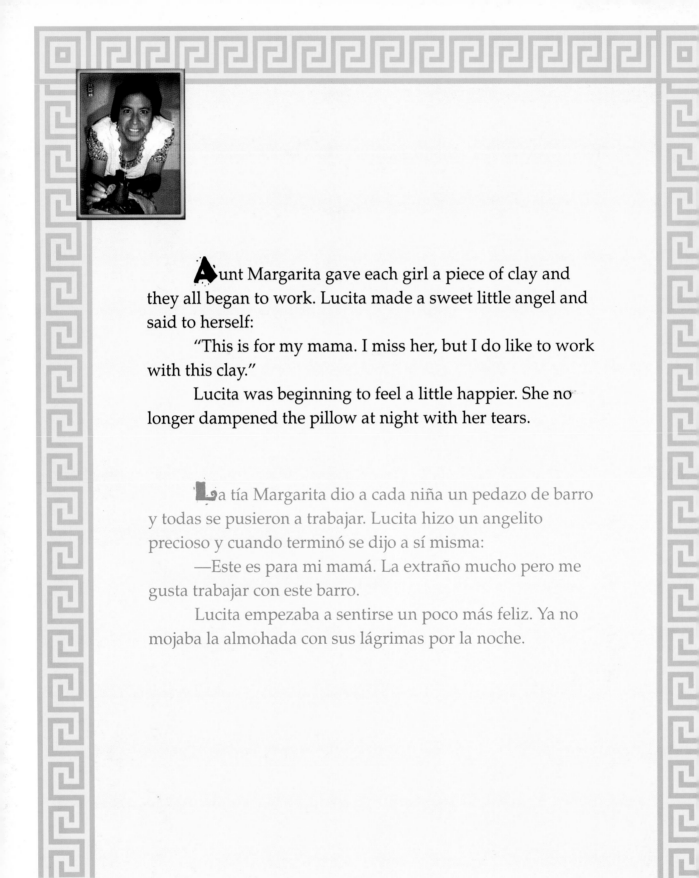

Aunt Margarita gave each girl a piece of clay and they all began to work. Lucita made a sweet little angel and said to herself:

"This is for my mama. I miss her, but I do like to work with this clay."

Lucita was beginning to feel a little happier. She no longer dampened the pillow at night with her tears.

La tía Margarita dio a cada niña un pedazo de barro y todas se pusieron a trabajar. Lucita hizo un angelito precioso y cuando terminó se dijo a sí misma:

—Este es para mi mamá. La extraño mucho pero me gusta trabajar con este barro.

Lucita empezaba a sentirse un poco más feliz. Ya no mojaba la almohada con sus lágrimas por la noche.

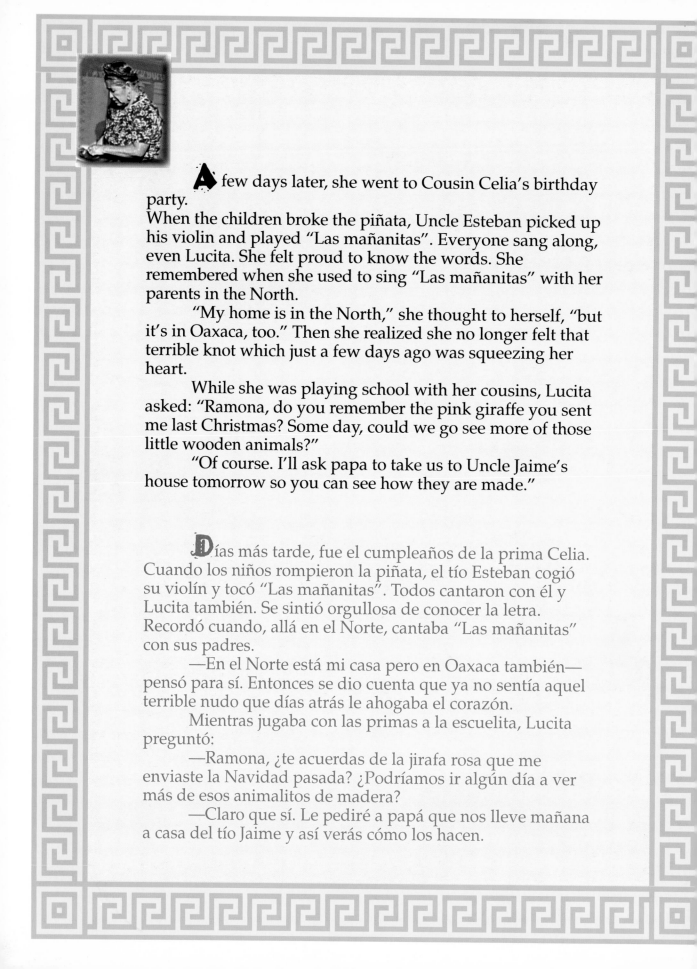

A few days later, she went to Cousin Celia's birthday party.

When the children broke the piñata, Uncle Esteban picked up his violin and played "Las mañanitas". Everyone sang along, even Lucita. She felt proud to know the words. She remembered when she used to sing "Las mañanitas" with her parents in the North.

"My home is in the North," she thought to herself, "but it's in Oaxaca, too." Then she realized she no longer felt that terrible knot which just a few days ago was squeezing her heart.

While she was playing school with her cousins, Lucita asked: "Ramona, do you remember the pink giraffe you sent me last Christmas? Some day, could we go see more of those little wooden animals?"

"Of course. I'll ask papa to take us to Uncle Jaime's house tomorrow so you can see how they are made."

Días más tarde, fue el cumpleaños de la prima Celia. Cuando los niños rompieron la piñata, el tío Esteban cogió su violín y tocó "Las mañanitas". Todos cantaron con él y Lucita también. Se sintió orgullosa de conocer la letra. Recordó cuando, allá en el Norte, cantaba "Las mañanitas" con sus padres.

—En el Norte está mi casa pero en Oaxaca también— pensó para sí. Entonces se dio cuenta que ya no sentía aquel terrible nudo que días atrás le ahogaba el corazón.

Mientras jugaba con las primas a la escuelita, Lucita preguntó:

—Ramona, ¿te acuerdas de la jirafa rosa que me enviaste la Navidad pasada? ¿Podríamos ir algún día a ver más de esos animalitos de madera?

—Claro que sí. Le pediré a papá que nos lleve mañana a casa del tío Jaime y así verás cómo los hacen.

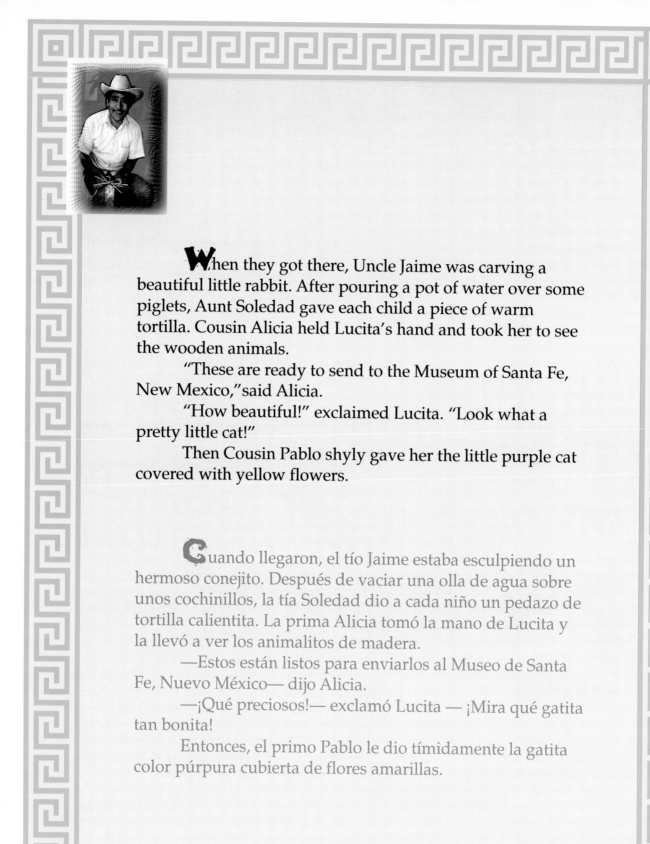

When they got there, Uncle Jaime was carving a beautiful little rabbit. After pouring a pot of water over some piglets, Aunt Soledad gave each child a piece of warm tortilla. Cousin Alicia held Lucita's hand and took her to see the wooden animals.

"These are ready to send to the Museum of Santa Fe, New Mexico,"said Alicia.

"How beautiful!" exclaimed Lucita. "Look what a pretty little cat!"

Then Cousin Pablo shyly gave her the little purple cat covered with yellow flowers.

Cuando llegaron, el tío Jaime estaba esculpiendo un hermoso conejito. Después de vaciar una olla de agua sobre unos cochinillos, la tía Soledad dio a cada niño un pedazo de tortilla calientita. La prima Alicia tomó la mano de Lucita y la llevó a ver los animalitos de madera.

—Estos están listos para enviarlos al Museo de Santa Fe, Nuevo México— dijo Alicia.

—¡Qué preciosos!— exclamó Lucita — ¡Mira qué gatita tan bonita!

Entonces, el primo Pablo le dio tímidamente la gatita color púrpura cubierta de flores amarillas.

The days flew by and Lucita became impatient. She thought there wouldn't be enough time to visit the animal market. She also wanted to go to the "Benito Juárez" market, the very big market where clothes, food, baskets, and all kinds of things were sold. And, besides, Aunt Margarita had promised to take her to the plaza so she could hear the musicians play the marimba.

Los días pasaban volando y Lucita se impacientaba. Pensaba que le iba a faltar tiempo para visitar el mercado de animales. Quería conocer también el mercado "Benito Juárez", un mercado grandísimo donde se vendía ropa, comida, canastas y toda clase de cosas. Y además, la tía Margarita había prometido llevarla al zócalo para oír a los músicos tocar la marimba.

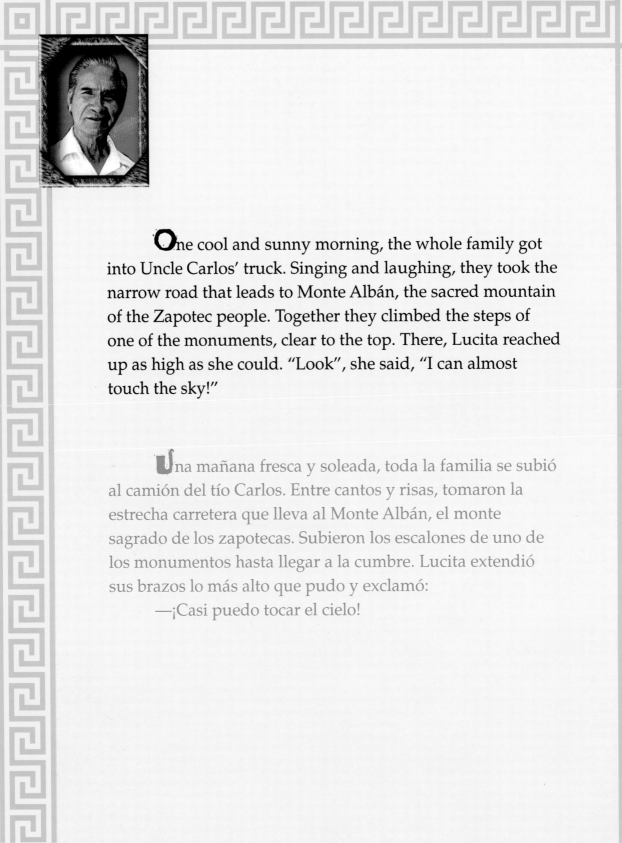

One cool and sunny morning, the whole family got
into Uncle Carlos' truck. Singing and laughing, they took the
narrow road that leads to Monte Albán, the sacred mountain
of the Zapotec people. Together they climbed the steps of
one of the monuments, clear to the top. There, Lucita reached
up as high as she could. "Look", she said, "I can almost
touch the sky!"

Una mañana fresca y soleada, toda la familia se subió
al camión del tío Carlos. Entre cantos y risas, tomaron la
estrecha carretera que lleva al Monte Albán, el monte
sagrado de los zapotecas. Subieron los escalones de uno de
los monumentos hasta llegar a la cumbre. Lucita extendió
sus brazos lo más alto que pudo y exclamó:
—¡Casi puedo tocar el cielo!

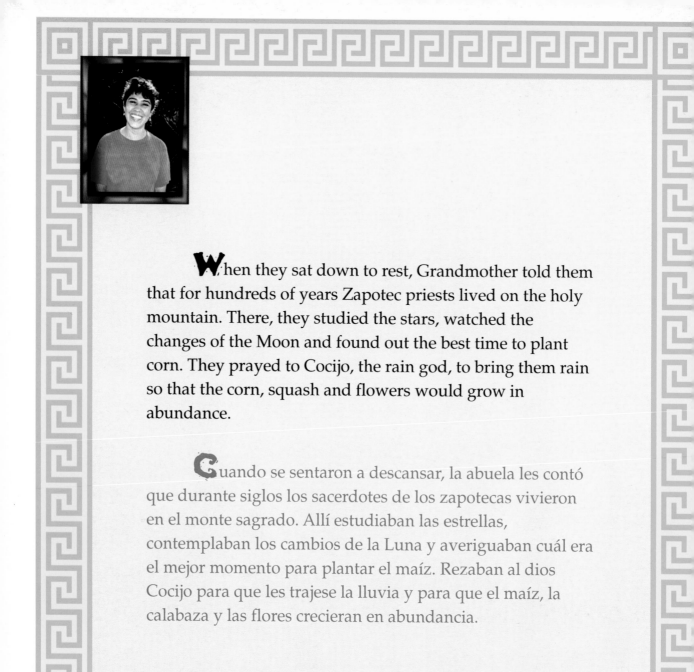

When they sat down to rest, Grandmother told them that for hundreds of years Zapotec priests lived on the holy mountain. There, they studied the stars, watched the changes of the Moon and found out the best time to plant corn. They prayed to Cocijo, the rain god, to bring them rain so that the corn, squash and flowers would grow in abundance.

Cuando se sentaron a descansar, la abuela les contó que durante siglos los sacerdotes de los zapotecas vivieron en el monte sagrado. Allí estudiaban las estrellas, contemplaban los cambios de la Luna y averiguaban cuál era el mejor momento para plantar el maíz. Rezaban al dios Cocijo para que les trajese la lluvia y para que el maíz, la calabaza y las flores crecieran en abundancia.

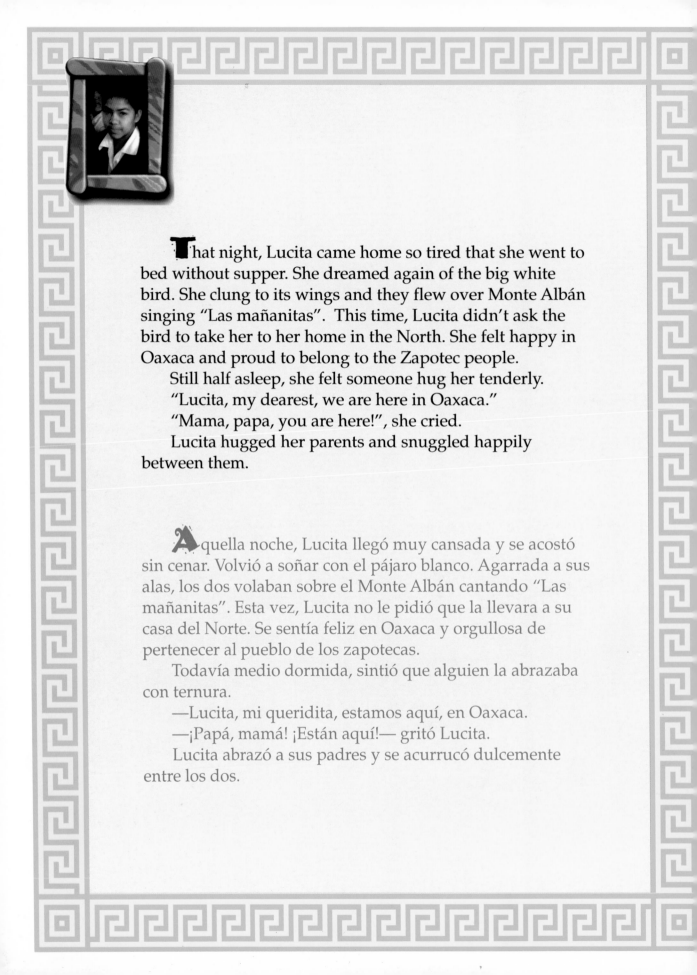

That night, Lucita came home so tired that she went to bed without supper. She dreamed again of the big white bird. She clung to its wings and they flew over Monte Albán singing "Las mañanitas". This time, Lucita didn't ask the bird to take her to her home in the North. She felt happy in Oaxaca and proud to belong to the Zapotec people.

Still half asleep, she felt someone hug her tenderly.

"Lucita, my dearest, we are here in Oaxaca."

"Mama, papa, you are here!", she cried.

Lucita hugged her parents and snuggled happily between them.

Aquella noche, Lucita llegó muy cansada y se acostó sin cenar. Volvió a soñar con el pájaro blanco. Agarrada a sus alas, los dos volaban sobre el Monte Albán cantando "Las mañanitas". Esta vez, Lucita no le pidió que la llevara a su casa del Norte. Se sentía feliz en Oaxaca y orgullosa de pertenecer al pueblo de los zapotecas.

Todavía medio dormida, sintió que alguien la abrazaba con ternura.

—Lucita, mi queridita, estamos aquí, en Oaxaca.

—¡Papá, mamá! ¡Están aquí!— gritó Lucita.

Lucita abrazó a sus padres y se acurrucó dulcemente entre los dos.

Album